JN411303

서명근 시집

집을 비운 사이

집을 비운 사이

지은이 • 서명근

펴낸이 • 강옥현

주　간 • 양재일

발행처 • 도서출판 오감도

초판인쇄 • 2017년 8월 5일

초판발행 • 2017년 8월 10일

전화 (02) 2277-2592　070-8236-2591

팩스 (031) 775-0161

출판 등록일 • 일제 10-1651(98. 10. 15)

서울시 중구 을지로3가 268 유일빌딩 604호

ISBN 978-89-5698-340-0 03810

값 10,000원

✎ 서문

어둠이 오기에 아름다운 황혼

—서명근 시집 「집을 비운 사이」를 읽고

양재일 (시인)

나목 같은 내가 / 아직도 다 벗지 못한 나를 읽는다

—「나를 읽는다」 부분

새순 자라 무성한 날 / 세상엔 엄마 잃은 어른이 / 한 그루 나무처럼 / 하늘을 보고 서있다

—「그의 이름」 부분

알곡 모두 내어주고 / 빈 주머니를 더듬던 이름 / 내 안에 각인되어 버린 / 엄마가 된 시어머니// 학교 문전에도 / 이름 석 자도 쓸 줄 몰랐던 생을 / 천년처럼 살다

가 / 구십 해 저장했던 즙으로 / 이부자리에 우주 한 자락 그려놓고 떠난 / 그녀의 웃음이 쑥스럽게 떠있다

—「간수」 부분

언제부터인가 내가 엄마에게 / 엄마 노릇을 하고 있었다. / 병원 침대에서 엄마를 안아 볼일을 보게 하고 / 의자에 앉혀 놓고 목욕을 시켰다. / 옷 입혀주세요 하고 아이처럼 말했는데 / 너무 슬퍼서 아무에게도 이 말을 하지 못했다. / 그렇게 몇 번 병원에 입원을 하고 / 당부의 말도 남기지 않고 떠났다.// 나도 내 딸을 엄마라고 부를 때가 있을 것이다 / 가끔 전철을 거꾸로 타서 길을 잃어버렸을 때나 / 휴대폰을 어디에다 두었는지 이리저리 찾을 때면 / 제발 정신 좀 똑바로 차리라고 / 딸이 엄마처럼 핀잔을 한다

—「일기」 부분

아침부터 밤까지 날아다니다가 / 쌀 몇 톨 물고 와서 / 내 앞에 쌓아놓고 / 홍에 겨워 노래하는 저 새는 / 혼자 먹는 법을 알지 못하는 아비 새

—「남편 1」 부분

그렇게 몇 번 우표를 사러 / 우체국을 다녀오는 동안 / 그의 머리에 은빛 바다가 출렁거렸다// 그는 지구본을 들여다보고 / 여기는 어디일까 / 아무도 함께 가지 않는 길 /우주 위를 혼자서 걸어가고 있었다

—「남편 2」 부분

위의 시들은 서명근 시인이 언어로 그린 가족의 그림들입니다. 그런데 이 그림들은 그녀만의 가족 그림이 아니라 그녀의 시를 읽는 동안 우리 모두의 가족 그림이 되어버렸습니다. 이것을 시가 지닌 순기능이라고 본다면 서명근의 시를 읽기 위해 독자들은 마음속에 감추어둔 손수건을 꺼내야 할 것 같습니다.

서명근 시인의 시를 읽으면서 독자의 한 사람인 저는 그녀의 시들에서 마지막 화염을 태우다 어둠에 묻혀 물로 들어가는 해가 남긴 노을을 보았습니다. 그리고 '나목'으로 서있는 그녀의 흰자위에서 노을의 잔영이 스러지는 모습을 보았습니다. 저는 목젖으로 올라오는 각혈 같은 슬픔의 덩어리를 가슴 속으로 밀어 넣으며

다시는 시를 쓰지 않을 거냐며 서명근 시인에게 전화를 했습니다.

그녀의 시는 어린 날 어머니를 따라 시장에 갔다가 깍지 낀 어머니 손을 놓쳐버리고 전쟁고아처럼 어머니를 찾아 헤매며 울던 때처럼 혼을 다 짜 버린 듯 절절했습니다. 저는 이 시집에서 서명근 시인이 이 시집을 끝으로 절필을 하려는 듯한 그녀 문학의 절정을 느꼈습니다. 그리고 그녀에게 말은 하지 않았지만 그녀의 시들에서 고승대덕들이 입적 직전에 남긴다는 열반송涅槃頌 같은 느낌도 들었습니다.

서명근 시인은 이 시집에서 자신의 자화상으로 '나목'을 그렸습니다. 그런데 그녀의 시를 읽으면서 저도 '나목'이 되어버린 저를 발견했습니다. 그런데 인간은 왜 나목이 되어버렸을 때에야 엄마의 양수 냄새를 떠올리게 되는 것일까요? 좀 더 일찍 철이 들어 '나목'이 되었으면 노희경 작가의 "세상에서 가장 아름다운 이별"에 나오는 "죽음이라는 지독한 이별"을 경험하기 전에 어머니의 어머니로 태어날 수도 있었는데 말입니다. 불효라는 암은 왜 말기에야 발견되어 통곡을 하게 할까요.

어른이 읽는 동화의 새 지평을 연 정채봉의 어머니는 열일곱에 시집을 와 열여덟에 정채봉을 낳고 그 아래로 누이동생을 낳은 후 스무 살에 하늘의 별이 되었습니다. 정채봉과 그의 누이를 거둔 할머니는 먹고 살기 위해 고향을 떠나 대처로 나가 행상을 했습니다. 어린 시절 정채봉은 생활고에 지친 할머니가 자신들을 버려두고 떠나갈 것을 염려하여 할머니가 곤히 잠들기를 기다려 할머니 옷고름과 자신의 손가락에 실을 매어두었다고 합니다.

서명근 시인도 서른셋에 요절한 아버지와 자식들을 위해 초인이 되어버린 어머니, 그리고 병이 들어 자신의 딸이 되었다가 아버지 곁으로 가버린 어머니, 애증으로 얽힌 또 한 사람의 엄마인 시어머니, 그리고 가족들을 위해 자신의 존재조차 지워버린 고독의 표상인 남편과 일찍 '나목'이 되어 자신에게 모성을 보이는 딸과 시의 스승 황금찬 선생님 등 여러 사람과 인연의 매듭을 묶고 있었습니다. 그러나 세월은 서 시인과 이들의 매듭을 풀었고 또 풀어버리려 하고 있습니다.

서명근 시인의 시를 읽는 내내 가슴이 먹먹했습니다. 너무 늦게 '나목'임을 발견한 제 불효의 차가움 때문입니다. 저는 그녀가 살고 있는 마포 쪽으로 차를 몰았습니다. 어릴 적 마포강은 제 유년의 동화책이었습니다. 저는 강물에 제 차가움을 비춰보고 싶었습니다. 태양이 마지막 화염을 사르고 강물 속으로 들어가고 있었습니다. 어둠이 오기에 더 아름다운 황혼이었습니다. 그때 저는 밤섬이 보이는 강가에 나목으로 서서 임은 물 건너지 말라고, 물 건너지 말라고 공무도하가를 부르는 서명근을 보았습니다.

서명근의 시를 읽은 후 세수를 할 때마다 눈에 비누가 들어가 매웠습니다. 어린 날 어머니가 얼굴을 씻어줄 때처럼 매웠습니다. 이 글을 끝내면 여든여덟 어머니 세수시켜 드리러 가야겠습니다. 매워, 매워 하시는 어머니의 어리광을 들으며 제 어리광을 오버랩 시켜보고 싶습니다.

✍ 자서

망설임이 너무 길었습니다.

이름 앞에 시인이라고 쓸 수 있어서 참 다행입니다. 지난 시간을 돌아보며 용기를 내어 두 번째 시집을 엮었습니다.

그리움은 귀한 선물입니다. 세상에 남아 먼저 간 이들이 그리워 눈물짓고 또 산 사람끼리 서로를 그리워할 수 있다는 것이 행복입니다. 저도 누구에게 몹시 그리운 사람이 되고 싶습니다.

2017년 정유년 염천에 서명근

1

낙타의 눈물

2

어머니의 방

3

그의 이름

4

스무 살의 안부

5
가을로 가는 혜화동

1

낙타의 눈물

낙타의 눈물

그녀의 시집 속에는
그녀를 태운 낙타가
고비사막을 걸어가고 있었다

사막에서 오래 산 낙타는
낙타로 살아가는 법을 잘 알고 있다
멍에를 지고
먼 모랫길을 걷기 위해서
소리 내어 울어 본 적이 없었으나
눈을 가늘게 뜨고
눈에 고인 눈물로 보이지 않게
아주 조금씩 속눈썹을 적셔야
모래가 눈으로 들어가지 않는다는 것을

애기보를 단단히 여미고
나처럼 살지 말라고
이 길만은 걸어가지 말라고
제 몸의 습기를 꺼내어

소리 없이 울고 있는 자신을
그러나 결국엔
이 길을 가야 한다는 것을

낙타의 등에 손을 얹고
어미의 길을 물으며
모래바람 일지 않는 도시의 열대야를
분주히 건너고 있다

순환선

내일 또 그 자리를 향해
우리는
우리가 아닌 모습으로
저마다 입을 다물고
눈 익은 지구를 돌고 있다
바람보다 먼저 흩어지는
순서 없는 그림들
목젖의 떨림을 억누르며
돌아오기 위해
떠나는 연습을 하고 있다
여기엔 마지막 역이 없다
다만 내리는 곳
그곳이 종착역일 뿐이다
내가 내려야 할 역은 어디쯤인가

종

밝을수록 맑은 울림이 있다

혼자 소리를 내는 것은 종이 아니다

종은 스스로 울지 못하지

누군가 마음을 두드려
두 손을 모으면
멀리 산사에서 비워 보라 한다

초대

태릉 사거리 구름 웨딩홀
그 푸른 숲에는
슈베르트의 피아노 5중주 '송어'가
연주되고 있었다
그녀가 꽃등에 불을 켜고
신부가 된다고
파란 잎에 싸인 화관을 쓰고
새가 되었다
혼자서는 날 수 없는
비익조*가 되겠다고
젖은 입술로 서약을 했다

어떠한 아픔과 슬픔을 맞이할 지라도
오늘의 순간들을 잊지 말기를
신비한 빛과 향기에 싸여 들리는
축복의 음성
두 사람을 위한 기도의 문이 열렸다

꽃들이 붐비는 나들이 길
어느 날 시작되었던 알람시계의 뻐꾸기가
무사한 내일을 위해
내 약속의 시간 속으로 날아가 주었다

*비익조 : 암수 모두 한쪽 날개만 있어 둘이 만나야만 날 수 있는 새.

청계천

어둠 밀어내고
하루의 문이 활짝 열려 있다

냇물의 화음과 어울려
박제된 장타령이
거울 머리말에 걸려있고
가난의 수표들이
부의 수레바퀴를 따라
고혈압의 수치만큼 먹어버린 나이
서울의 이력서에
파란 신호등이 켜져 있다

어린 나무의 그림자에서
자연의 상처로 아물어
인수봉의 심장을 사랑한 거리

맑은 물의 노래를 싣고
세기의 강을 건너는

잠들지 않는 바람
어지러운 벽을 허물고
아름다운 얼굴로 다시 일어선
청계천
발길과 발길들 사이로
새 날의 기적이 끊임없이 흐르고 있다

가시연

9월의 호수는
연꽃들의 다비식
활활 타는 물속에 뼛속 깊이 삭이던 설움
사리로 피어 빗물마저 가르고

비었으니 비인 채로 그 위에 누워
온몸 가시 박힌 채
바람과 같이 늪으로 빠져 들어
너의 가슴에 가슴을 얹고
마지막 웃음까지 버리고 나면
눈물도 때론 후회의 몫으로 남을지 몰라

언제 만나야 할까
오늘이 시작이자 끝인 듯 살아가는 것이
버리고 사는 일
어쩌랴, 꽃잎 적시지 않는 비
다만 뿌리께로부터 차올라야 한다는 것을

가시연의 얼굴

흩어졌던 시선을 한 곳에 가두고

초음파를 찍다

윗몸을 내밀고 누웠다
찬물을 끼얹듯 약물이 칠해지자
탐지기가 가슴을 선회하기 시작했다
더러는 열정적이었던 시절
옷고름을 풀었던
밤의 비릿한 비밀들이 충전되듯
겨드랑이로 흘러들었다
홍분의 역사는 저마다 철저하게 숨겨져
구석진 어디에서 둥지를 틀고 있을지 모른다
그러기에 지금은 법도를 어긴
죄 지은 자의 모습으로
가슴에 뭉쳐있을지 모를 퇴적물을 찾아내고 있다
유두를 몇 번 누르자 조여졌던 근육의 형체가
흑백의 창 안에서 어지럽게 돌아가고 있다
몸살을 앓던 때에도 결코 놓지 않았던
모성의 욕구가 강하게 살아났다
기도란 늘 위기의 순간을 이용하는 것이지만

구원을 외쳐 봄직한 어떤 대사는
오랫동안 여자로 살 수 있기를 바라는 것이다.
술 없이 취해 보는 것이
별스런 기술이 되어버린 것일까
추적을 마무리하고 스위치를 누르는 소리
도려낼 희미한 선을 찾아서
몇 장의 흑백추상화를 그리고 취기에서 깨어났다

거울

모나리자를 그리는 화가
검은 살결을 지우고
밤사이 곱게 접은
초승달을 눈썹에 올려놓았다
나비가 날아오고 새 잎들이 솟아났다
아이들의 웃음이 푸르게 피어났다

여자 뒤에 또 한 여자가 서있다

소년이 휘파람을 불며 지나갔다

배냇저고리와 은수저
자장가를 부르는 모빌
보행기가 차례로 나타났다가 사라졌다

여자와 여자가 마주서서
저물어가는 꽃잎을 곱게 그리는 아침

도자기

연적 속에서
출렁이는 강물
저녁노을이 지는 수묵화
조롱새가 날아와
이끼를 물어다 집을 지었다
그 집
풀잎기둥과 잎새처마
어미 새의 날개에 걸린
시계소리
잉태의 분지를 넘어
햇살에 젖는 아침
도자기마을에는
산보다 더 큰 바위들이 살고 있다

승강기를 타는 남자

문이 열리자
그가 하늘색 바지주머니에
두 손을 넣고 승강기에 올랐다
아무도 없으리라는 예상은 순간 빗나갔고
슬리퍼 속의 맨발이 꾸물거렸다

그는 하루에도 몇 번씩 외출을 한다
집 밖의 세상이 낯설어
문에 기대어 살아 온 남자
오로지 승강기를 타고
거울 속에서 자신을 꺼내는 것이
그가 택한 탈출 방식이다.
버스의 목적지가 새로 정해지면서부터
길을 잃어버렸을 것이다
기회를 보아 계단을 오르기도 했다
추적하는 모든 것들로부터
자신을 숨기기 위한 외도였을 것이다
아무도 모르게 눈을 굴리며 투명인간이 되어갔다

등을 돌리고 아파트 후미진 곳에서 라이터를 켰다
쾌감의 절정에 이르기 위해 허파를 부풀렸다
시간의 조각들이 날아갔다
심호흡 한 번에 치솟는 연기
미라처럼 굳어가는 얼굴을 숙이고
그가 만들어 놓은 함정에 빠져 자신을 날려 보내고 있었다

환절기

날씨가 건조해지면서 발꿈치에
균열이 생기기 시작했다
살이 굳어지면서 옹벽이 갈라지듯
여러 곳이 트이고 열꽃이 피었다

전신을 지탱해야 하는 무게 때문이었을까?
발을 디딜 때마다 몸도 함께 흔들리며
한쪽 방향으로 기울고
그와 맞물려 매순간 절뚝이며 살아온 날들이
신음소리를 내며 상처 사이로 흘러나왔다

눈물이었다
눈물은 상처 속에 아프게 고여 있다가
가장 완벽한 슬픔 앞에 모습을 나타냈다
단단한 것일수록 깨지기 쉬운 만큼
굳어진 아픔일수록 아물기도 쉽지 않으리라

헤어짐을 연습하던 그는
영원한 나그네였다

그가 떠나갔지만 결코 떠난 것이 아니었다
다만 내가 그의 곁을 지나왔을 뿐이다
지난 계절 마디마다 남겨진
만남의 반점들이 희미해질수록
기억들이 찾아와
몸의 일부를 예민하게 자극할 것이다

손 없는 날

오르막 내리막 만나며 사는 것이지

손 없는 날
쪽방을 차지한 것은
화초의 잎사귀를 안고 들어 온
만삭으로 가는 달이었다

되돌아보는 법을 익히려면
외길을 건너 내벽을 돌아
막 층까지
가파른 계단을 올라 보는 것이다

빈 꼬투리만 가슴에 묻었을
초년에 홀로 된 어머니
병상에서 부은 채로 서울을 떠돌며
무지개 한 번 그리지 못한 것을 내림으로
2막은 여전히 진행되고 있다

표정은 슬픔보다 무겁다
너는 동쪽으로
나는 서쪽으로 뒷머리 멀찍이
왜 둘이서도 낯설고 외로운 것일까
집 떠난 아이들이
물병자리에 서툴게
아기 잠자리를 만들고 있는 밤
구름 밖으로 얼어버린
내면의 이야기가 곤하게 쏟아지고 있었다

입술

밤을 거느린 등불로 기다려 온 사람아
뜨거움에 몸이 저려 불이란 종자도
한때 갈망했던 키스도
차갑게 무뎌진 칼날이 되었지
눈썹에 걸린 햇살이 무거워 털어버린 그날
곤충처럼 기어가다
시간마다 울어대는 종소리가 두려워
괘종시계의 목젖을 떼어 버렸지
사람의 알음알이가 도장밥처럼 붉게 묻어나는데
어느 가슴에 찍어 놓았던
꽃물의 흔적은
자유의 단술에 깊게 물들어
허물어지다가 흘러가다가
해마다 낙엽 한 장 신열로 태워 보는데
다 타서 재가 된다 한들
서러움 끝에 오는 해후의 기적도 흐릿해
사랑이란

어디서부터 어디까지 넘어지며 가야 하는가
늙지 않는 바람아.

길 잃으면

산 속에서 길 잃으면
귓문 크게 열고
물소리 찾으라 했지

물소리 찾아 물 따라 가면
사람 사는 곳을 만날 수 있다지

풍서천 물소리 고향에 두고
길 잃고 수십 오 년
서울에서 길 잃으면
무슨 소리 찾아 나서야 할지
새소리 바람소리에 섞이어
허공을 달리는 소리들

그 소리에 매달려
길 찾아 헤매고 있지

오도 가도 못할까 두려워
옆도 뒤도 안 보고
앞으로 앞으로만 뛰어 가는 중이지

산길

육갑산을 넘어서고 있다
바위들이 비켜서고
숲이 재빠르게 곧은길을 내어 주었다

어머니는 나비가 되어
숲에서 살고
청년에게는
거울 속에서 나오지 말라고
단단히 일러두었다

나와 내가 손을 잡고 간다
초침소리 귀에 걸고
외딴집으로 간다
뻐꾸기가 사는 산
모란산장으로 가고 있다

2
어머니의 방

고리

사찰에서 놋쇠종 하나를 품어다
현관문에 걸어 놓았더니
들고 날 때마다 수덕사의 바람소리를 물어다
귓불에 걸어 주었다
그 화음을 깃들이고 동해에 있는 절에도 가고
얼음골 산 속에서 풋정에 젖었던 때를 찾아
부처의 고향으로 떠나 부처가 되기도 했다
어느 날 똑같은 소리가 지루했을까
아니면 허물을 너무 많이 알아버렸는지
서로를 잡고 있던 고리를 놓아 버렸다
고리는 고리대로 방울쇠는 방울쇠대로
볼품없는 모습으로 흩어져 있었다
어우러짐으로 완전하리라 믿었던
관계가 낳은 흩어짐을 들여다보았다
초라하게 죽어버린 소리
처음 종이라는 이름으로
고리와 고리가 엮이던 순간만큼은 황홀했으리

그 울림으로 영글었던 만남을 듣기 위해
조각들을 주워 틈새를 조였다
흩어짐이란 더 아름답게 가꾸어야 할 외침이었다
보이지 않는 끈에 매달려
혼자서는 일어설 수 없는 우리네 지평으로
좋은
이해의 바다 그 파도소리를 다시 들려주기 시작했다

출산

어미개가 실눈 뜨고 봄볕을 즐기더니
보에 쌓인 새끼를 낳았다
재빠르게 태반을 먹고 탯줄도 잘랐다
기진해 숨을 몰아쉬는 것을 보다가
구름 고인 두 눈에 눈을 맞추고
나도 어미가 될 때는 그랬었느니
낳아라 가진 대로 낳아 보렴
한 마리는 젖을 물리고
한 마리는 가슴에 묻었다
그 가슴에 홍건히 핏물이 고여 흐르고
해 울음이 고비를 넘겼다
잃는다는 것이 얼마나 저린 것인지
어미가 화단까지 따라와 도리질을 했다
그래도 너는 좋겠다
몸 풀어서 좋겠다
입덧 같은 멀미 끝으로
껍질만 남은 나무 등피 같은 내 산고가

뚝뚝 떨어져 흙속에 묻히고
위태롭게 진행되던
달거리가 서서히 멎어가고 있었다.

풍지

이전에 살았을 때는
암뱀이로 살았을까
밤마다 두꺼비의 입술을 훔쳤대
그러다 꼬리가 잡혀 꼬리를 잘리고
풍지로 다시 돌아왔나봐
창밖을 기웃거릴 때부터 꼬리가 없어서
그렇게 믿고 싶었지

요즘에도 일 년에 몇 번씩 색이 깊어지면
꿈도 깨기 전부터 방문 앞에 와서는 독독
앞발로 긁어서 자명종보다 미리 선수를 쳐
그것이 기특해서 문을 열어주고
다시 누울라치면
냅다 내 입술을 훔쳐 가곤 해
아니 하구 많은 입 중에 저것한테
바람,
저나 내나

시력검사실

기울어 있다
침묵으로 보려했던 시간들이
날아가는 사이
눈은 스스로 짝눈이 되어갔다
그와 조금씩 멀어지는 동안
짝눈으로 본 세상도
실상은 어긋나 있었던 것이 아니었다
왼쪽 오른쪽 번갈아 눈을 가리고
길을 찾기 위해 확장했던 동공
길은 벼랑으로 이어져 있었고
좋아했던 숫자마저 물음표로 남겨졌다
아래로 더 내려가지 못하고
영점에서 매듭이 지어졌다
순한 길을 걸어왔다고
걸어온 만큼 또 걸어갈 수 있다고
조금 어두워져도 이젠 잘 살아갈 수 있다고

어머니의 방

태백의 허리 길
얼음장 밑을 흐르던 계곡물 소리가
가늘게 들려왔다
좁은 방
부르는 입김에도 홀연히 사라질
겨울나무에 매달린 잎새
어머니의 방이 숨소리 서늘하게
관절염을 앓고 있다

이별이 문 밖에서 기다리고
그림자가 미처 떠나지 못한 채
초막을 돌며 비처럼 울고 있다

끈을 놓고 가야 한다는 것이
물이 되어 만났다가
물과 같이 흘러가는 것
거미줄에 누워도
가벼이 무너질 듯한

저 길을 내게 물려줄 그 시간
세상의 모든 기쁨이 불어와
그녀를 흔들었으나
가랑잎이 잠든 메밀꽃자리 위에
나의 노년이 함께 돌아누웠다

간수

신안 앞바다에서 올라온 사리
더 버릴 것이 있으면 버려보라고
다 버려야만 온전히 살아남는다고
포대 모서리로 간수가 고여있다

알곡 모두 내어주고
빈 주머니를 더듬던 이름
내 안에 각인되어 버린
엄마가 된 시어머니

학교 문전에도
이름 석 자도 쓸 줄 몰랐던 생을
천년처럼 살다가
구십 해 저장했던 즙으로
이부자리에 우주 한 자락 그려놓고 떠난
그녀의 웃음이 쑥스럽게 떠있다

간장 담는 날

정월 말날
진안의 사리떼가 물과 만나
정갈히 화합하는 날
바람,
햇살 따라온 흰 구름 몇몇이
항아리 속을 맴돌고 있다
숯이며 마른 고추랑 대추알이
꽃잎처럼 떠있는 호수
여자의 생을 우려내던 세계
할머니도 어머니도
우주 안을 연연하게 떠돌다
놓아버린 봄
무엇을 용서하고
눈 곱게 감으셨을까
옷깃 여미는 소리 듣는다

유품

귀멀고 눈멀어
석삼년을 벙어리로 살았던
시어머니도 여자였다

한겨울에도 가슴까지 화가 차 있어
발꿈치로 물컹거리는
그것을 쓸어내리면
기러기 울음 한 덩이
명치끝에서 끼룩거렸다

한 땀 한 땀 손수 짜낸 무명 반 폭
삼십 년이고 오십 년이고
쓰일모 없어 가슴에 숨겼다가
유품도 못되니 부끄럽다고
그래도 내가 짠 것이라고
줄 것이 이것밖에 없다고

바늘귀에 오색실 꿰어
올 속에서 올을 찾아

귀뚜라미 우는 달밤에
길 떠나는
기럭새 한 마리 수놓고 있다

사월 초파일

그날 새벽
미움의 싹 지우려고
절에 가서 두 발 포개고 엎드려
절을 했다
초파일 동그라미 속에서 자꾸
흐려지는 기일
어머니는 꽃등에 광복 적삼을 두르고
우리는 호수의 물을 길어다
연꽃등을 달았다
고향집이 큰동서 집으로 바뀌고 부터
장거리도 멀어지고
조카며느리가 산적을 굽는 동안
등을 타고 내리던 소나기가
한나절을 마셨다
나비 두 마리가 촛불을 돌다가
나란히 방 밖으로 날아가고
시누이가 밤 날개를 퍼들이며 돌아갔다

조용히 가는 대로 묻어가자
산 날도 살아갈 날에 대해서도
모두가 말이 없다
감꽃 피는 소리를 줍다가
달빛이 돌아가는 사월초파일
형제들이 엄마의 음성을 찾아 별밭을 서성이는
그 밤

과수댁

박 줄기를 잘랐다
하얗게 피어 열매 질 것이 두려워
지붕을 타고 오르기 전에 잘라버렸다
정분났다 입방아에 오를까
옆집으로 가는 담쟁이도 뽑아 버렸다
하루살이들이 달려들어
가슴 헤집는 꿈을 꾸다가
텃검불 속을 떠돌며 살았다
넝쿨마다 발이 솟던 생의 핏줄을 안고
해를 자르고 달을 잘랐다
다달이 붉은 꽃물을 토해 내고도 끝내
여자이지 못하고 홀로 되돌아 걷던
그 걸음마저 남김없이 잘라 버린
어머니는 가위손

칠월

산비알에서 김매고 온 어머니
머릿수건으로 바짓가랭이 흙먼지
화를 다스리듯 오지게 털어냈다
마루 끝에 걸터앉아
검푸르게 약 오른 고추
고추장에 찍고
꽁보리밥 찬물에 말아
으억으억 괴음을 내며
허기를 채웠다
복중에 걸터앉은
제삿날이 돌아오면
울화병 두 배로 도져
아버지 흉내를 내며
붉그락거리는 여름을 삼켰다

일기

언제부터인가 내가 엄마에게
엄마 노릇을 하고 있었다.
병원 침대에서 엄마를 안아 볼일을 보게 하고
의자에 앉혀 놓고 목욕을 시켰다.
옷 입혀주세요 하고 아이처럼 말했는데
너무 슬퍼서 아무에게도 이 말을 하지 못했다.
그렇게 몇 번 병원에 입원을 하고
당부의 말도 남기지 않고 떠났다.

나도 내 딸을 엄마라고 부를 때가 있을 것이다
가끔 전철을 거꾸로 타서 길을 잃어버렸을 때나
휴대폰을 어디에다 두었는지 이리저리 찾을 때면
제발 정신 좀 똑바로 차리라고
딸이 엄마처럼 핀잔을 한다
그런 날은 또 엄마 생각이 나서 눈물이 난다
딸이 엄마처럼 느껴져 기대고 싶어진다
딸도 나처럼
엄마를 보내야 할 때가 올 것이다

가슴이 저려온다
깊은 밤 아이의 방에서 기침 소리가 났다
그것도 그의 몫이려니
혹독한 환절기를 혼자서 이겨내고 있었다

섬

바라만보다
닻을 내리지 못하고
작은 새가 되어
날아가 머물고 싶은
뭍과 물 사이
평행의 고리에 걸린
그리움으로 차오르는
그대

3

그의 이름

사십구재

어머니를
불구덩이 속으로 밀어 넣고
불이야 불이야
두려움에 눈물을 버무려 곡을 했다

간절할수록 부정했던 여자들의 습성
좋은 것도 감춰져야만 덕이었다

이승의 옷을 벗어버린 지 사십구 일
그녀의 전 생애를 절간에 들여놓자
찬 기운이 한낮을 얼리고
함박눈이 길을 열어 주었다

하늘을 두드리는 기도 소리
노승의 독경 따라
형제들 모두 엎드려
그녀의 길을
서툴게 따라가자 다짐하고 있었다

탈상

모란공원
유명하신 조 목사님과
교수님도 여기에 있다고
백항아리에 뚜껑을 닫으며
어머니께 위로를 전했다
돌아봐도 끝없이 이어진 봉분의 길
땅 한 평 합류도 사치라고
모란산장 끝자락
바람모지에 거처를 마련했다
시건장치 팔뚝 밑에 자리를 좁혀
내력 없이 생과 사 함자를 적고
추워서 한 날도 서있지 못했던
그것이 상처로 남았다
옛날 어느 가문의 시묘살이가
온 산을 들었다 놓아도
고개를 숙인 채 흰옷을 벗었다

모과

가을빛을 풍기던 모과
정수리부터 저승꽃을 피우더니
망건을 온몸에 두르고
단단해지는 일밖에 별 도리가 없다고
품고 있던 습기를 모두 날려 버렸다
생의 탯줄을 이어가는 것인가
모태로 이어져온 애틋함을
떨쳐버리지 못하는 몽고반점의 무게
곡기를 끊자
공기 반 홉의 가벼움을 들고
발끝부터 피어오르던 버섯꽃
등과 방바닥이 밀착되는 순간
그의 그림자가 함께 지워졌다
그가 가장 두려운 것은
한 치의 틈도 허락하지 않는 일상이었다
가난도 대를 잇는 흐름과
아들도 아버지라는 사실이었을 것이다

정신줄 하나 붙들고 살라고
거울 밑에서 조용히 가슴꽃 검게 피워내고 있었다

농막에서

사계절 내내 이곳에 정박해 있다
아버지의 숲, 그의 주소는 들판이었다
굴뚝 연기를 바라보다 가슴에 흙 얹은 일기가
기억의 시간을 불러왔다
아이들 울음소리가 싸리문을 흔들 때에도
학자금으로 여든 여덟 번 손길에 여문 쌀
스무 짝 돈사서
학자금으로 훌훌 떠나보내는 것도
쉴 사이 없이 수렁에 길을 내는 일이었다
가재가 허물을 벗어 놓고 떠나간 들녘
물 젖은 짚단에 호흡을 가다듬어 불을 지피고
아이가 어른 되어 아버지를 부르는 집
윤회의 한해살이가
멈춘 듯 여전히 숨 쉬고 있다
댁은 뉘시냐고 여기엔 왜 왔냐고
저것이지 폭설이 내려야 풍년 드는겨
아버지의 목소리가 두렁 따라 농막을 돌고 있었다

장마철

도봉산을 안고 계곡물이 흘러간다
한 방울 한줄기 모이고 어울려
발등을 밟고 떠나간다
물뼈를 밟고 서 있다
고개 들어도 번개
고개 숙여도 천둥
궂은 날 산에 온 것이 죄지은 일

–비 오니 우의를 입어라
–비가 그쳤으니 우의는 벗어도 되겠다
아버지의 할일처럼
계곡물이 불어났다

낼 모레가 아버지 기일인데
제 지낼 일이 아득하고
동해바다에서 건져 올린 문어를 안주 삼아
눈썹을 타고 흐르는 구름을 마셨다
도봉산이 자꾸만 입술을 비집고 흘러들었다

그의 이름

꽃이 지고 있다
아직 마음속에
싹 하나 틔우지 못했는데
꽃무리 계절이
날개를 접고 있다

새순 자라 무성한 날
세상엔 엄마 잃은 어른이
한 그루 나무처럼
하늘을 보고 서있다

말없이 일러준 길을 찾아
목울음 젖은 새벽으로
그가 가고 있다
그의 이름, 아버지

아버지의 집

산 주인이 산을 팔고
개발이 시작되었으니
봉분을 삽질해 가라는 공고
아버지의 독방에 빛이 들었다
서른 셋 청년 때 흙으로 돌아간 아버지
얼굴도 목소리도 잊은 채
남은 등걸만 가지런히 모았다
슬픔이란 것도 묵으니 눈물이 없다
술빚 갚아주고
애들 잘 키워 달라는 유언을 모아
어머니의 옆집 모란산장에 쪽방을 마련했다
부엉이 하품에도 휘청이는 문
초승달이 쉬어가는 아버지네 집

나를 읽는다

나목 같은 내가
아직도 다 벗지 못한 나를 읽는다

어느 여름 습기를 말리던
해인사 팔만대장경 판
바람을 털어내던 숨소리가
처마 아래로 정갈하게 내려앉고 있다

소유하고 싶지 않다는 변명
앞산 마루에 걸어놓고
벗어야 한다던 내가 벗지 못하고
무심코 가두어버린 두려움의 숲
보잘 것 없이 깊게 접혀진
흔적들을 두드리고 있다

살고 있다는 것이
목판을 새기던 바램이면

걷는 동안 보물 하나쯤 눈 끝에 채이기를
기다리는 것이지

벗을수록 무거워지는 마법에 걸려
블랙홀 속으로 평행선 길게 그려 놓았다.

몸살

바위 위에서
달이 흘린 눈물 한 방울
흠모한 죄가 아직 다 가시지 않은 탓으로
여전히 바위에 앉아 열 오른 체온을 삭이고 있다

담 모퉁이에 기댄 채 풀벌레처럼
밤새 울어 보는 것이
생의 바램이라고 해도 슬픔이란
가슴 속에서만 비밀이 되는 법을 왜 몰랐을까

그래도 신이 가엽게 여겨
우물 속에서 달 하나 건져 식탁에 앉혀주고
날마다 그 눈빛 속에서 옥토끼를 보게 한 것이지
함부로 살지 말라고 훈계한 사람들이
다리 밑에서 주워 왔다던 내가
몇 번이나 고비를 만나고도 살아남은 것은
이 다음에 옥토끼가 방아를 찧어 만든 떡 한 덩이로
허기를 달래보라는 것이었다

오랜 날이 지날 것이다
모나지 않은 달로 커서 세상을 비출 때까지
어미는 바다가 되어야 한다는 진리를
언제쯤 가벼이 지워 볼 수 있을까

밤 내내 나를 깨우던 열꽃이 식어 갈 때쯤이면
몸속에 눈물 한 방울
살찌운 업이 가셔질지도 모를 일이다

취조실의 벽

그가 물었다
고해를 위한 준비가 되셨습니까
벽이 벽을 가두어버린 그 벽 속에서
그와 나의 경계를 무너트리기 위한 호흡이
불규칙하게 진행되고 있었다
눈과 코 입의 간격이 적당하게 배열되어 있다
시선을 피하기 위해 여백을 훔치기로 하고
그의 얼굴을 벽의 중간쯤에 옮겨놓았다
묵비권을 행사하셔도 좋습니다만
팔월의 더위를 쫓기 위해 선풍기가 돌 때마다
마모되지 않은 낯가림이 계속되고 있었다
죄 지은 적이 없으시군요
훈장은 받으셨나요
벌거벗은 실상이 활자체로 드러나기 시작했고
매미의 울음이 고요 속으로 파고들었다
다 이렇게 사는 것 아닙니까
묻고 대답하고

세상 사는데 정답이 어디 있겠습니까
왜 없습니까. 태어나고 그 다음엔…
외치고 있었으나 입은 열지 않았다
취조실에는 벽만이 벽을 기대고 있었다
취조가 끝나고 나는 나에게 또 다른 취조를 하고 있었다
환기를 위해 창문을 찾아야 하고
무너뜨리지 못할 벽은 결코 벽일 수 없다는 것과
벽의 어느 부분을 통해 걸어 나가야 할 것인가에 대해

무단횡단

무단횡단 금지
현수막이 바람이나 막아 볼 심산으로
허공의 먼지를 온몸으로 두드리고 있다

오르고 나면 지상의 안락보다
딴 세상이 보일지 몰라
허리춤에서 회음을 도사린 틈이 보일 때
발가락을 단단히 움츠리고
일개미처럼 도시의 거리를 평정하고 있다

사람들이 그림자 끌고
길 건너편으로 사라진 다음에도
신호등은 불을 번갈아 지피지 않고
오래도록 묵상중이다

파란불파란불
주문을 외우자 마법처럼 잠깨는 빛

슬픔도 한 번쯤 이유 없이 놓아버리고
묵묵해 보자

파란불 없이도 긴 강을
작정 없이 건널 때도 있는 거라고
잊었던 시간들이 앞서 달려가고 있었다.

피카소거리

홍대 앞,
밤이 깊어 갈수록 젊음의 파도가
낯선 호흡으로 마주치는 거리
살아가야 한다는 것이 또 하나의 의미로
촛불을 켜는 저녁
피카소거리를 돌며
엄마의 살을 파먹고 엄마로 자란 우렁이가
박제처럼 벽에 붙어 풀피리를 불고 있다

우주의 비밀을 그리던 사람들이
빛을 따라 돌아가고
이방인들이
쉴 사이 없이 밀려왔다 밀려가는 거리
술의 어깨에 기대선 푸른 시간의 틈에서
화가의 옷을 입고
생의 밑그림을 다시 그렸다.

잠

하나, 둘 숫자의 집을 짓는다
여왕벌이 되어 도시를 점령하거나
하늘에서 지폐가 쏟아지거나
낮 동안 일어난
수상한 모략에 열을 올리다가
한숨으로 입막음을 하고
36도 선상에 체온을 맞춘다
어둠의 바다로 돌아가야 하는
그 연습의 반복
뒤척임의 끝머리로 별이 사라졌다
잠
혼자만의 완전한 몰입
그 이후에 대해선 묻지 말자
새벽을 기다릴 뿐
그와의 경계는 어느 때 무너지는지 알 수 없었다

그대 그리운 날에는

밤의 끝자락에 앉아 편지를 쓴다

내일이면 까맣게 남겨질 빈터에
그대 향한 눈빛 그리고
구름에 덮여있던 마음
숨김없이 내려 놓는다

별들이 내려와 서먹해 하면
연필 따라 거닐다가
한 줄은 웃음 짓고
한 줄은 울음 닦고
또 한 줄은 그대의 안부를 묻는다

염려했던 이별이 지나간 후에도
그대는 부르지 않아도
밤하늘을 날아와
별빛 젖은 노래를 불러주었다

4

스무 살의 안부

소리는 보이지 않는다

머리카락이 바닥에 떨어졌다
울림의 소리를 찾았다
가볍게 내려앉는 멈춤에도 소리가 있다

환청일까
하루 속으로 떠난 그의 발소리가
신호음처럼 들려왔다

소리와 소리들이 부딪혀 소리를 낳는 거리
낙엽들이 회오리에 끌려
차도를 향해 몰려가면
알 수 없는 소리들이 따라가고 있다

겨울 빛을 쬐며
거실의 팽나무는 이제야 가을을 쏟아내고 있다
계절이 돌아가는 침묵 속으로 낯선 소리가 다가왔다
보이지 않아도 들리는 소리

그 소리들은

여러 곳으로부터 허상의 벽을 넘어 오고 있다.

그의 자리

동갑이다
유학을 다녀왔고 신문기자로 일했다
프로필은 완전하고 호화롭다
초선의원이 되었다는 사실이
먼 세상 밖의 소식처럼 들려왔다

내 유전인자를 의심해 보았다
초라한가
꿈의 화살은 어디에 꽂혀있는가
옷을 벗어야 한다면
어떤 새 옷을 입어야 할까

"나도 날개옷을 입고 싶어요"

잠자리 꼬리에 실을 매어 날려 보내던
유년의 영상이 눈 안에 푸르다

그는 자갈길을 걸어가고
나는 아직도 내가 쏘아버린 화살을 찾고 있다.

청령포를 그리다

가을,
비 오는 날에는
청령포로 가지 않고
청령포의 풍경을 건지고 있다

푸르러 소년이던 옛사람(단종)이
피눈물 흘리며
젊은 날의 시간을 서럽게 삼키고
붉은 울음을 놓고 갔다던 그곳
가보지 않고도
정 시인이 쓴 청령포를 읽고
열두 번 그 물로 손을 씻었다

잎새 모두 지고
수묵화 한 장
눈 속에 깊이 잠겨있다.

무게의 부재

자극이 필요하다
언제부턴가 몸이 불어 간다고 느낄 때부터
매일 아침 공복에 체중계에 몸을 올렸다

툭툭 건드려야만 눈을 뜨는 신식 저울
잠이 덜 깬 눈으로 그 위에 올라서면
무게만큼의 숫자를 숨김없이 그려내고 있다
식사량과 한 겹 옷의 차이에도
민감한 반응을 보였다
그 눈금을 줄이려고 잠시 숨을 쏟아내고
정확한 숫자를 읽기 위해 눈을 고정시켰다

몇 번을 올라서도 제 자리
결코 감정에 치우치지 않는 민첩함이
야속하게 다가오는 아침이다

보이지 않는 무게의 존재를 찾아
가장 가까운 연민의 값을 구하려고

다시 올라섰다
밀착된 틈새로 조용히 스며오는 갈증
오래 버티지 못할 허기가
숫자의 떨림 위에 멈추었다
그와 나의 무게는 어디로 간 것일까
아직도 고집을 버리지 않는 저울
끝내 비밀의 무게는 보여주지 않았다

분리

언제 넣었을까
냉동실에서 무선 수화기가 얼고 있다
원망 같은 것은 시대착오였다고
일교차를 받아들이며
차츰 천식에 익숙해져야 한다

시간을 축내다가
임박해서야 그려지는 하루의 그림들
아침의 기억이 푸르게 지워졌다

높은 것을 좋아하는 습성 탓일까
무심코 계단을 오른다
온 길을 돌아가야 하는 역방향이다
몸과 마음이 분리되는 순간
발품을 사야 한다면
손해 보는 것은 시간이고
일정한 법칙에 시달리는 것은 배고픔이다
우주의 질서는 무너질 수도 있다

어디에서 만났던 사람일까
누구와 닮았을까
쏟아지는 물음표
어느 곳을 향해 걸어가고 있는가
정신적 분리작용
가끔 내 나이가 몇 살인가 한다

그네 위에 지은 집

주소를 내 놓고
흔들의자에 앉아서 집을 짓습니다
기둥과 기둥이 지붕을 들고
뛰어왔다가 뛰어가는
그러다 못 하나 비척하면
와르르 무너지고 마는
숨소리만 커도 사라지는 요술의 집
앞으로 뒤로 집 따라
나도 흔들리고 있습니다
집을 짓다가 그 집 속에서 잠들어버린
여기 떠나 또 어디로 갈까
이 세상 살자면 몇 번을
누구나 옮겨가며 살지 않는 이 있을까
비워진 만큼
생각 밖의 흔들림을 당해내기 위해
그네 위에 집을 지어놓고
봄 속에서 불꽃놀이를 하고 있었습니다.

집을 비운 사이

나를 만나러 왔던 사람들의 지문이
초인종에 겹겹이 묻어있다
메모지에 그려놓은 하늘
눈 내린 세상에
소나무 한 그루 심어주었다
깃털 놓아두고 날아간 새
웃음 환하게 선사하지 못하고
눈빛만 그리워지는 이런 날에는
나도 누군가의 화실에 찾아가
그의 손에 휘파람 불어 청음을 그리고
나를 잊지 말라 다짐하고 싶다
그가 집을 비운 사이라도
필름 속에 갇혀있는 시간들을 꺼내어
이다음에 흙이 되고 물이 되고
바람이 되어야 하는 까닭을 풀어놓고 싶다.

겨울나비

나비 한 마리 누워있다
거실 양지에
날개를 접고 한참을 움직이지 않았다
창문 틈새로 햇살이 간혹 흔들어
애벌레처럼 숨 쉬는 허파
나비가 잠에서 깨어나야 한다고 생각했다

"일어나라, 이젠 새벽이 되었다"
"아니야, 아직 눈을 뜨면 위험해"

누군가 서로 외치는 소리가 들렸다
별이 달려온 길을 따라
하루의 강을 또 건너왔다
봄은 가까이 서있고
날개 펴야할 나비가 졸음을 털고 있었다.

대화상자

ㅡ아들아
지금 어디에 있지
ㅡ달나라에 있어요
ㅡ옥토끼가 되었구나

무엇을 하고 있지
ㅡ친구들과 소반놀이를 하고 있어요
ㅡ돌아올 때 네가 만든
달나라표 떡 한 쪽 가져 오렴

ㅡ오늘은 품절입니다
다음에 가져다 드릴 게요
아니면 별나라에 둘러갈까요
ㅡ그러렴
별나라는 누가 지키고 있을까

스무 살의 안부

생각이 넘쳐 실비를 뿌리는데
나리꽃 닮은 딸애가
한 달 일해서 받은 알곡으로
한턱 쏜다길래 그러마
막회 한 접시와
단 술 몇 잔에 날개가 솟았다

곰 같은 녀석이
내 스무 살 때 안부를 물어
사랑은 연습이 필요 없단다
현기증과 위장 장애가 없어야지
고뻘 걸린 여러 말이 가난해 보였던지
걱정 말고 엄마나 잘 하세요
해당화 꽃대 같은
가시 돋친 한 마디로 눈살을 돌렸다
재주 없는 날더러
무엇을 잘하라는 것인지
이유도 묻지 않고 고개만 끄덕여 주었다

달이 어둠을 한입 베어 물고
허공에게 길을 묻고 있다
수족관 밖에는
두 그루의 나무가 몇 발치에서
그림자 되어 가슴을 맞대고 있다
마음과 믿음이 함께할 수 있는
그런 사랑을 찾으렴
그녀의 눈에 꿈이 고이고
수줍은 방황이 일렁이기 시작했다
나는 버릇처럼 먼 사람에게 돌아오지 않는
소식을 물었다
뜻 밖에 열어놓은 스무 살의 안부가 설레는
까닭을 딸애는 알고 있을까

홍시

바다를 건너
걸어서 멀리 왔다고
멀리 가야 한다고
혼자선 외로워
움켜 쥔 마디 끝
하루의 하강이 하늘에 걸려있다

남편 1

아침부터 밤까지 날아다니다가
쌀 몇 톨 물고 와서
내 앞에 쌓아놓고
흥에 겨워 노래하는 저 새는
혼자 먹는 법을 알지 못하는 아비 새

남편 2

세운상가 가동 라열 319호로 처음
편지를 보냈을 때
그는 청년이었다

시민아파트 1동 402호로
두 번째 편지를 썼을 때
그는 두 아이의 아버지가 되어있었다

그렇게 몇 번 우표를 사러
우체국을 다녀오는 동안
그의 머리에 은빛 바다가 출렁거렸다

그는 지구본을 들여다보고 있었다
여기는 어디일까
아무도 함께 가지 않는 길
우주 위를 혼자서 걸어가고 있었다

주소

윤유월이 되자
사촌들은
가시 밤송이 뒹구는 앞산 턱 머리에
계란꽃 화관 두른 은신처를 마련하고
이 담에 함께 모여 회포나 풀자고
백항아리에 부모님 넣고 당숙도 넣고
네 자리 내 자리
자손 넉넉히 누울 자리를 만들어놓았다

산 사람 살 집은 변변치 않은데
충남 서산시 음암면 도당리 산 7번지에
누울 자리 받아놓고
서로 얼굴 마주보며 신바람 나서
뻐꾹새가 떠난 시절도 잊어버렸다

방명록

축 화 혼

친구의 딸 혼사에 자필로 써서 축하를 보냈다. 보아도 보아도 참으로 예쁜 저 글자를 보면 온 하늘이 장미 꽃밭이다. 맞이하고 보내는 일 우주의 섭리가 저 삼씨 속에서 꽃 피워 핏줄을 이어가고 있다

딸의 혼삿날 기록을 오랜만에 꺼냈다. 볼펜으로 또는 싸인펜으로 인쇄된 것이라고 해도 이름만은 자유로이 손수 써서 다녀간 정성이 봄 햇살을 품고 있다.
앵두알처럼 울렁이는 얼굴들 그 숨소리 꽃물에 젖을 때라도 어찌 한가하기만 했으랴 복잡한 일들 접어두고 오로지 축복의 가슴으로 다녀갔을 발자국

첫 이별의 준비에 눈물로 휩싸였던 그때 날마다 깊어지던 해산달 같은 고비를 간신히 넘기고 힘을 얻었던

것이 그대들의 웃음이었다고 그 이름 나직이 부르며
외진 오월을 걷고 있다

소문

여름 숲이다
어디서 왔을까
고향을 물었다
아무도 아는 이 없었다

5

가을로 가는 혜화동

열꽃

아이가 고열로 밤을 지내고
아침 일찍부터 곤지곤지를 했다
무엇인가 하나씩 세상을 익혀 갈 때마다
꽃을 피웠다가 떨구곤 했다

어느 날
밤새 열꽃을 주워 담아
해 띄운 아침에
한 발짝 걸음마를 하고는
장하다고 주저앉아 울었다
아이 따라 눈물짓던 그 때가 어제

내 몸에서 아리게 피는 꽃
잇몸 트인 채로
옷가지 목에 두르고
엉덩이 치어드는 짓이
아우 볼 때라고
채율 * 이가 하는 모양새 따라

산토끼를 부르고 있다
여자 셋이
북이랑 장구 치며 열두 고개를 넘고 있다

*외손녀 이름.

태몽

비단구렁이 돌담을 넘어 오길래
아귀차게 잡아 목덜미에 걸었더니
구렁이란 놈이 낚시 바늘 같은
혀를 날름거리며
쏘아보고 있었다는데
필시 범상찮은 꿈이었다나

복숭아 서너 개 먹고
안마당에 씨만 냅다 던진 것이 아쉽다
그 꿈이란
얽히고 닫힌 그 꿈이란 것이 생각날 때면
비단구렁이 둘둘 말아 치마폭에 싸안고
안방으로 뛰어들고 싶어
그래서 세상에 난 놈

다시 생산하는 그런 꿈 한 번
옹골지게 꾸어봤으면 좋겠다 이거지

하이고 마 부끄럽데이

하루 밤새
서울까지 불어온 포항 바람
파도의 숨결로 들꽃을 그리는 친구가
주소와 이름을 사투리로 써서 보내 온 소포
겨울철엔
바다 빛을 쬐여 말린 과메기가 제 맛이니
친구들과 어울려 웃음을 나누라고
짠 내를 풍기며 가슴을 드러낸 바다
바다 가장자리에서
눈물도 겨울 빛에 말리면 웃음이 된다고
좋아진 시간 속으로
파도에 섞이어 자꾸만 들려오는 소리

뭘 고것가지고
ㅡ하이고 마 부끄럽데이

슬픈 눈물이 짜다

대한민국에서 못을 세워 박으면
못 뿌리 닿는 곳이 남미의 그 나라
아들이 살길 찾아 거기로 떠났다

지금은 하늘에 떠서
스물아홉 해 말려온 이마를 짚은 채
얼굴을 적시고 있겠거니
미용실에 가서 퍼머도 하고
왕소금 뿌려 햇감자도 쪘다

슬퍼서 한 일이다
울컥울컥 멀미가 났다

그는 비밀이 많았다
연기 속에 숨어 취하기도 하고
연애도 여러 번 했을 테지만
내가 모르는 게 편했던 모양이다

그도 눈물이 짤 것이다
집 떠나 슬퍼서 짤 것이다

가을로 가는 혜화동

혜화동 로터리 가나안 다방이 있던
엘빈 찻집
그 옛날 길 건너
보헤미안 시절부터 문인들의 발길이 이어졌다
이곳에 들러 간 시인들은
목소리만 전등에 걸어둔 채 소식이 없고
황 선생님의 시가
묵은 시간들을 태우며 벽에 걸려있어
메아리가 날아들곤 한다
시벽을 기댄 탁자로 일주일에 몇 번씩
차를 마시러 오시는 황금찬 선생님
96세의 가을이 또 떠나고 있었다
젊었을 땐 너무너무 가난해서 슬펐고
지금은 많이 늙어서 슬픕니다
세 개의 빈 의자*와
교회의 십자가 함께 울어 주었다
시간을 따라가는 발소리가 가깝게 들려오고

플라타너스 잎새들이 그림자 드리는 찻집
동성고등학교의 마지막 종소리를 안고
차를 타시는 선생님의 굽은 등을 타고
계절이 하얗게 깊어가고 있었다

*세 개의 빈 의자 : 황금찬 선생님의 아내와 딸 그리고 아들이 먼저 떠난 자리.

귀갓길

자정은 지체하지 않았다

막차가 떠나간 신촌의 밤
창전로 안길에 포장마차가 줄서있다
도시의 변두리
어디쯤에서 거슬러 온 술꾼들이
판가름 나지 않는
실마리를 움켜쥐고
어두운 물살을 헤엄쳐 가고 있다

그 무리 곁에 빈 의자는 없다

술이란 것도 알고 보면 헛일이다
한 시절 식은 안주를 들추며
여러 밤을 보냈는데
그 속에는 뜻 모를
맹랑한 용기가 숨어있기도 했다

시절이 가파르고
너나없이 특별한 날이다
종소리를 찾아
밤낮에 걸터앉은 사람들
낯가림이 차가워
포장집을 지나쳐온 새벽
또 다른 시작을 위해 집으로 가는 길

가을 무렵

눈물이 없다
그녀의 매일은 슬픔과 웃음이
번갈아 지배하고 있었다
은행나무 그늘에 앉아 있는 그녀
먼 지구의 조상으로부터
버려진 것인지
버리고 온 것인지
며칠은 숨었다가 또 한 날은 나타나
알 수 없는 주문을 외웠다
로즈마리 향기로
한 남자의 눈을 품었던 여자
설움이 체기로 얹혀진 어깨 위로
은행이 떨어지고
한숨을 내쉬자
여우비가
섬이 된 그녀를 적시고 지나갔다

어느 해에 떠났던 여자가
창밖에서 웃고 있다
여우가 되지 못해 섬이 되어
섬을 품고 살았던 여자
세상의 냄새들을 지우려고
은행나무 아래에서 망우초를 태우던 그 여자

웃음

호상이라는 부고
산 사람끼리 만나는 반가움이 커서
웃으면 안 되는 상주도 웃고
울지 않아도 흉이 없는 우리도 웃었다

상가에는 울음보다 웃음이 많을 때가 있다

간 사람은 낯설고
시참*을 알지 못한다
요단강 건너가 만나자는
찬송가 몇 구절을 입술에 걸고 돌아오는 길
남은 날들이 쉴 새 없이 빠져나가고 있었다
울음과 웃음이 부딪치는 거리를 따라
탯줄 자를 때부터 알지 못했던 그 길을
알지 못한 채 또 가고 있었다

*시참 : 자신의 운명을 예견하는 것.

목소리

―글쟁이가 글을 팔아 묵고 살아야제
밥장사는 무신 놈의 밥장사를 한단 말이고

―누군 하고 싶어서 하나
곯아 봐라 자넨 별수 있겠나

―눈에 남아도는 것이 종이요
손에 치이는 것이 펜인데
그냥 죽었다 카고
책상 앞에 앉아있어 봐라 마

―벗님 속 모르는 소리 하지도 마소
내사 진갑인데
세상 구경에 눈먼 신랑이
이슬 발라 머리 빗겨 내보내는
그 아침을 알기나 하시는가

애오개

어둠을 부르는 거리
하루를 내려놓은 사람들이
빈자리를 채워 가는 아현동 시장
애오개*에 풍랑이 일기 시작했다
두 척의 배는 난파가 두려워
술집 벽에 어깨를 대고 닻을 내렸다

버릇처럼 꼽아보는 나이
어제가 고드름처럼 매달려
아픔을 녹이고 있다
잔이 비워질 때마다
등대의 꼭짓점이 구름 속에 갇히고
아가미 속으로 들어가고 나오지 않는 노래
밤의 옷깃을 잡고 한 병 더 또…
잔도 슬픔도 비워야만 다시 채울 수 있는데
버려야 한다는 것이 벼랑에 서는 일이라고
낯모를 음성들이 주위를 돌았다

네게는 많아서
내게 없다는 것을 알지 못하지
넘치는 것들이 모두에겐 쓴 약이라고
굴레방다리가 밤 깊도록 파도를 탔다

*애오개(아현동) : 작은 고개의 의미로 조선시대 전염병을 치료하던 병원이 있던 동네 이름.

광흥창역에서 전동차를 타자

광흥창역 붐비지 않았다
강나루 마을에도 전철역이 생겼다
열도 못 되는 사람들이 타고 내릴 때도 있다
그 중에 몇이 고향일까
고향을 떠나 고향을 일군 사람들
간이역 풍경이다

차표 팔 일이 줄어든 역무원이
내일의 꿈을 외우고
신수동 사람들이 수문장이 되어
열두 번 종을 쳤다
종소리를 듣고 밤섬으로 모여든 철새가
풀잎 소리를 엮어 집을 짓고
그 섬에서 자랐던 아이가 섬을 바라보며
아버지가 되었다
돛단배는 새 물결을 따라 어디론가 떠나고
나루터도 문을 닫은 지 오래
푸른 이야기만 강물에 섞이어 바다로 가는 동네

와우산 기슭에 앉아 강물을 찍어
그림을 그리던 공민왕의 영정이 창고지기처럼
사당의 지붕 아래에서 옛일을 전해주고 있다
(창고터에 고려 31대 공민왕 사당이 있다)

나무그늘과 그늘이 모여 그림자 드리우는 포구 터
가자 새들아 밤섬을 떠나 어디로든 날아갈 테면
나와 함께 광흥창역에서 전동차를 타자

율도 *

벚꽃 지면 여의도로 나갔다
버찌를 따먹고 놀다가
새벽이 오기 전에 강으로 돌아가
흐름의 터전을 지키고 있다

지나온 길로 거슬러 가지 말라고
손 저어 새들 오간 자리마다
햇살 불러 모아 재우고
해체의 위험수위를 딛고
나무들 눈 열게 하여 자활의 잎새를 키우고 있다

사람들의 눈길을 귀띔으로 부르고
어둠을 더듬어 강을 건너는
가장의 어깨를 다독이며
쉴 새 없이 내일로 가는 길을 열어 주고 있다

* 율도 : 밤섬

나이

아이야
꽃술이 몇 개인가 세어 보렴
백철쭉 꽃길을 지나다 아이에게 물었다
아홉 술인데요
아니 열 술이네요
콧잔등을 꽃술에 대고
씨방으로 숨는 나비들
나는 왜 송이마다 쉰 개가 넘는지
셀 때마다 많아지는지…

개인의 권력 찾기

—서명근 論

정신재(문학평론가)

1. 치환의 묘미

아들이 별나라에 있다. "옥도끼"가 되어 별나라에서 엄마 찾아 삼만 리를 내려온다. "소반놀이"를 하면서 "달나라표" 선물을 가지고 그가 내려온다(—「대화 상자」). 꿈 장면이다. 프로이트의 『정신분석학 입문』에 의하면 사람이 꿈에서 깨어날 때 꿈 장면이 다 기억되지 못하고 몇 가지 모티프로 압축되어 나타난다. 그리고 이 압축된 것을 현실에 접목시키려 한다. 이는 꿈 장면을 현실로 관련시켜 해석하려 하는 것이다. 이것을 '치환'이라 한다. 이를 문학에 응용하여 꿈 장면과 현실을 한 군데에 놓아 두 개의 사물로 '병치'하거나 꿈 장면을 현실로 바꾸는 '치환'의 방식으로 활용하기도 한다. 그래서 시에 나타난 이미지들을 보면 두 개의 장면을 동일선상에 올려놓거나(병치 또는 은유) 하나의 이미지를 다른 이미지로 연관(치환)시키는 환유가 나타나기도 한다. 서명근 시인은 환유의 방식을 많이 활용하는 편이다.

시인의 환유는 주로 가족과 일상을 통해서 나타난다. 가령 실제의 어머니를 어머니가 된 화자로 오버랩 시키거나 실제의 아버지를 아버지가 된 남편과 연결시키는 경우가 그러하다. 뿐만 아니라 어머니의 치매와 화자의 건망증을 연계시킨다거나 젊을 적 화자의 잔소리와 딸아이의 잔소리를 연결시키기도 한다. 이와 같이 시인은 가족을 통해서 존재를 규명하고 그 흔적을 추출해 보려 한다. 따라서 시인의 환유 방식은 가족을 통해서 존재를 천착하여 가는 과정에서 생긴 비유라고 할 수 있을 것이다.

밤의 비릿한 비밀들이 충전되듯
겨드랑이로 흘러들었다
홍분의 역사는 저마다 철저하게 숨겨져
구석진 어디에서 둥지를 틀고 있을지 모른다
그러기에 지금은 법도를 어긴
죄 지은 자의 모습으로
가슴에 뭉쳐있을지 모를 퇴적물을 찾아내고 있다

―「초음파를 찍다」 부분

인용시에서 보이듯 시인이 이 시집에서 궁극적으로 추구하는 것은 존재의 규명이다. 시가 존재와 사물에 놓인 진실을 언어로 표현하는 예술이라고 할 때, 시인의 작품에는 그로테스크한 분위기와 함께 빛과 어두움이 공존하고 있다. 그리하여 "밤의 비릿한 비밀들"을 통하여 빛의 세계로 나아가려는 긍정적인 힘을 내포하고 있다. 아울러 시인의 시어에는 정감과 애수가 깃들여 있다. 그 애수는 삶을 긍정적으로 열어 가려는 일종의 통과의례라고 할 수 있을 것이다. 이러한 애수는 인간 심리의 심층에 고여 있는 정신적인 에너지를 길어 올리려는 시인의 충심에서 나온 결과이기도 하다.

2. 존재의 규명

시는 궁극적으로 언어를 통해서 인간 존재를 규명하고 사물의 본질을 추구하는 예술이다. 이를 위해서 시인은 인간의 보편적 경험 양식과 일상에 관심을 가진다. 그래서 시인의 작품에는 사랑 · 그리움 · 탄생 · 죽음 · 만남 · 이별 · 희열 · 슬픔 등이 가족을 통해서 형상화되어 있는 경우가 많다. 이는 개인이 가장 많이 접할 수 있는 존재가 가족이기 때문이기도 하지만 개인의 실존과 일상을 관조적으로 관찰하기 위한 시도라고 할 수 있을 것이다.

태백의 허리 길
얼음장 밑을 흐르던 계곡물 소리가
가늘게 들려왔다
좁은 방
부르는 입김에도 홀연히 사라질
겨울나무에 매달린 잎새
어머니의 방이 숨소리 서늘하게
관절염을 앓고 있다

…(중 략)…

저 길을 내게 물려줄 그 시간
세상의 모든 기쁨이 불어와
그녀를 흔들었으나
가랑잎이 잠든 메밀꽃자리 위에
나의 노년이 함께 돌아누웠다

—「어머니의 방」 부분

시인이 많이 형상화한 소재 가운데 하나가 바로 '어머니'다. 이 어머니는 개인의 근원을 캐어가는 원형이라 할 수 있을 것이다. 그리고 이 어머니에는 아픔의 흔적이 놓여 있다. "어머니의 방이 숨소리 서늘하게/ 관절염을 앓고 있다"와 같이 어머니에게는 한이 스며 있다. 그러나 이 한에는 긍정으로 나아가는 정신적인 에너지가 들어 있다. "세상의 모든 기쁨이 불어와/ 그녀를 흔들었으나/ 가랑잎이 잠든 메밀꽃자리 위에/ 나의 노년이 함께 돌아누웠다". 여기서 아픔은 기쁨보다도 더 옹골진 힘이 있다. 그것은 세상의 험악한 상황을 돌파하는 개인의 본원적인 힘이기도 하다. 그것은 임진왜란과 병자호란의 난세를 겪어 온 민족의 힘이면서, 한 세기 동안 일제 식민지 현실과 한국전쟁과 IMF 경제 위기를 돌파하여 개인의 힘이 되기도 한다.

3. 긍정의 힘

시인의 작품에는 긍정의 힘이 실려 있다. 그것은 난세를 돌파하는 정신적 에너지요, 개인의 심층에 자리 잡은 본원적인 에너지다.

정월 말날
진안의 사리떼가 물과 만나
정갈히 화합하는 날
바람,
햇살 따라온 흰 구름 몇몇이
항아리 속을 맴돌고 있다
숯이며 마른 고추랑 대추알이
꽃잎처럼 떠있는 호수
여자의 생을 우려내던 세계
할머니도 어머니도
우주 안을 연연하게 떠돌다
놓아버린 봄
무엇을 용서하고
눈 곱게 감으셨을까
옷깃 여미는 소리 듣는다

—「간장 담는 날」 전문

간장은 수백 년의 세월이 흘러도 부패하지 않는다. 이것은 "바람"과 "우주"와 "사리떼"와 "물"이 만나 이루어낸 하모니의 극치다. 시인은 이와 같은 사물로 존재가 가지고 있는 힘을 모색한다. 이는 수많은 환난을 헤쳐온 개인이 가진 위대한 힘이기 때문이다. 여기서 "간장"은 "여자의 생"과 병치되어 있는데 이는 사물과 존재가 가지고 있는 내적인 힘을 형상화한 것이기도 하다. 시인이 이와 같이 내적인 힘에 골몰하는 이유는 이 힘이 개인의 생명을 지속시키고 난세를 극복하는 권력이 되기 때문이다. 개인도 권력이 있어야 한다. 이는 수많은 내우외환을 돌파하여 온 민족의 저력과 맞물려 있다. 개인이 본원적으로 가지고 있는 이러한 힘은 미래에 닥쳐올 위기를 극복하는 힘이 될 수 있을 것이다.

4. 융합의 힘

최근 들어 융합이 대세를 이루고 있다. 해체가 사물의 본질로 나아가기 위하여 기존의 편협한 틀을 깨는 것이라면 융합은 사물이 가지고 있는 힘을 활용하기 위한 방식이라고 할 수 있을 것이다.

어머니는 꽃등에 광복 적삼을 두르고
우리는 호수의 물을 길어다
연꽃등을 달았다
고향집이 큰동서 집으로 바뀌고 부터
장거리도 멀어지고
조카며느리가 산적을 굽는 동안
등을 타고 내리던 소나기가
한나절을 마셨다
나비 두 마리가 촛불을 돌다가
나란히 방 밖으로 날아가고
시누이가 밤 날개를 펴들이며 돌아갔다
조용히 가는 대로 묻어가자
산 날도 살아갈 날에 대해서도
모두가 말이 없다
감꽃 피는 소리를 줍다가
달빛이 돌아가는 사월초파일
형제들이 엄마의 음성을 찾아 별밭을 서성이는
그 밤

—「사월초파일」 부분

여기서 화자는 융합을 꾀하고 있다. "호수의 물"로 "연꽃등"을 달고, "등을 타고 내리던 소나기가? 한나절을" 마시며, "나비 두 마리가 촛불"을 돈다. 이는 사물들이 연상을 통하여 표면적 현재－현재에 놓인 기억과 연상 등－에 놓이는 것이다. 이는 “사월초파일”에 한 자리에 모이는 친척들의 모습과 궤를 같이 한다. 이와 같은 존재와 사물의 만남은 “형제들이 엄마의 음성을 찾아 별밭을 서성이는/ 그 밤”으로 융합된다. 사물들이 만나 생생력을 이루고 개인들이 만나 정과 인간미를 돋우는 것은 바로 이 융합의 힘이다. 융합은 생명이 살아 있는 존재가 활용할 수 있는 위대한 덕목이다. 시인은 이 융합으로 긍정적인 세계를 실현하려 한다.

5. 결어

서명근 시인은 가족과 형제와 일상을 관조적으로 관찰하여 개인에게 권력을 부여하려 한다. 시인이 개인의 권력에 관심을 가지는 것은 이 권력이 역사와 현실의 부조리함을 극복하는 본원적인 힘이 되기 때문이다.

한민족은 병자호란 때 50만 명 이상이 청나라에 포로로 끌려간 경험이 있다. 기록에 의하면 청나라에서 돌아온 여자들이 화냥년 취급을 받아 자살한 시체들로

인하여 저수지가 하얗게 뒤덮일 정도라 하였다. 고려·조선조·구한말·근대·현대에 이르기까지 한반도는 외침으로 인한 수난의 역사였다. 20세기만 보더라도 일제 식민지 현실·한국전쟁·IMF 경제 위기 등이 휩쓸고 지나갔다. 이런 가운데서도 한민족이 민주화와 근대화를 이룰 수 있었던 것은 개인이 가진 본원적인 힘이라고 할 수 있을 것이다. 개인은 난세와 역경을 극복할 정신적 에너지를 가지고 있다.

시인은 개인이 가진 인간미와 정신적 에너지를 형상화하여 긍정적인 세계를 열어가려 한다. 시인이 존재와 사물이 가지고 있는 본질적인 것에 주목하는 이유가 여기에 있다. 시인은 이와 같은 진실을 먼 데서 찾기보다는 바로 가족과 일상에서 찾았다. 어머니가 가지고 있는 모성애와 인고忍苦의 힘, 아버지가 가지고 있는 근면과 끈기는 개인이 가지고 있는 덕목임과 동시에 존재가 보편적으로 가지고 있는 인간성이기도 하다. 따라서 시인은 일상에 놓인 가족과 형제를 통해서 존재와 사물에 놓인 근원적인 힘을 끌어올리려 한다.

이와 같은 여러 힘들이 치환이나 비유의 방식으로 전

개되는 것은 일종의 놀이로 보아도 좋을 것이다. 이러한 놀이가 개인의 권력을 회복하고 세계를 거시적으로 바라보는 행복으로 이어지기를 기원한다.